SALUT, DELEUZE!

你好，德勒兹！

[德] 马丁·汤姆·迪克 绘画
Martin tom Dieck

[德] 延斯·巴尔策 编剧
Jens Balzer

陈美洁 翻译

上海文艺出版社
Shanghai Literature & Art Publishing House

你好，德勒兹！

这里真美。

吉尔·德勒兹 哲学家，1925—1995

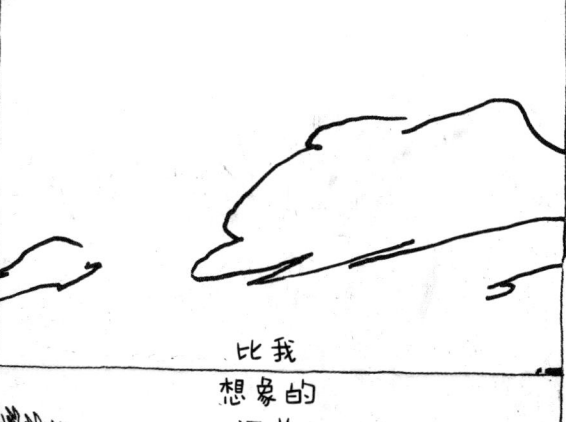

比我
想象的
还美。

叮
咚

非常快。

您知道，思想家和哲学家的身份让我走得很远。我写了一些书，人们纷纷向我请教，后来……

……我受够了。受够了思考。我决心停下来，余生专注于种……草。
平静地生活。
您理解吗？

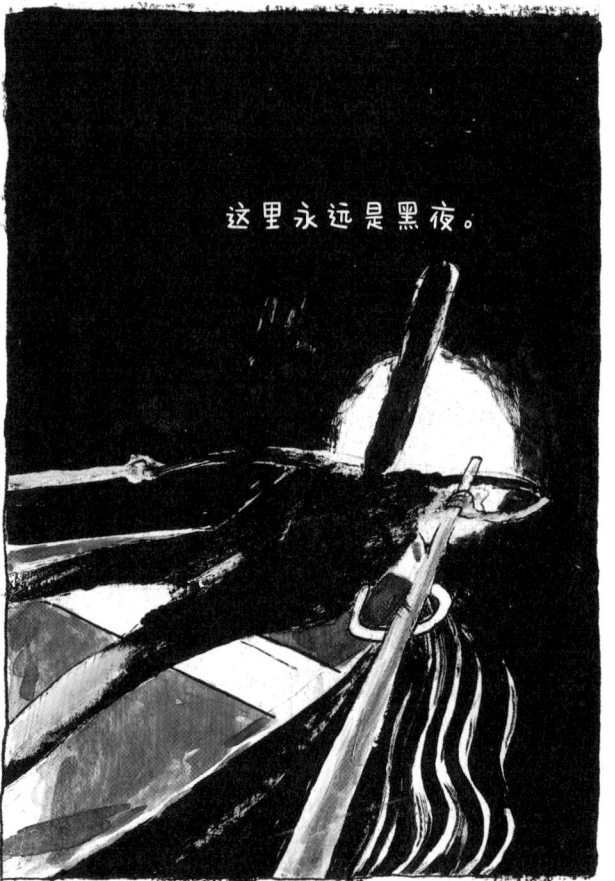

这里永远是黑夜。

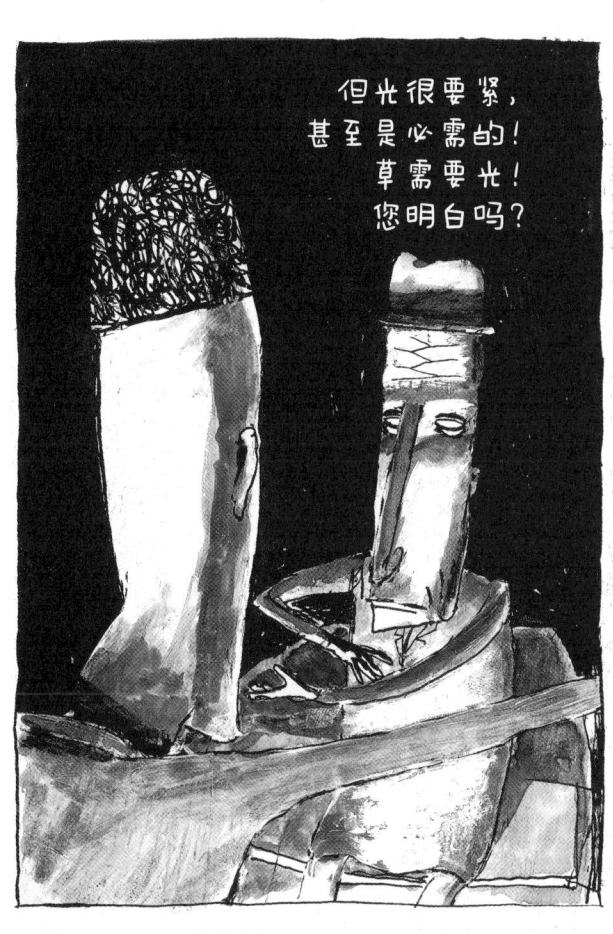
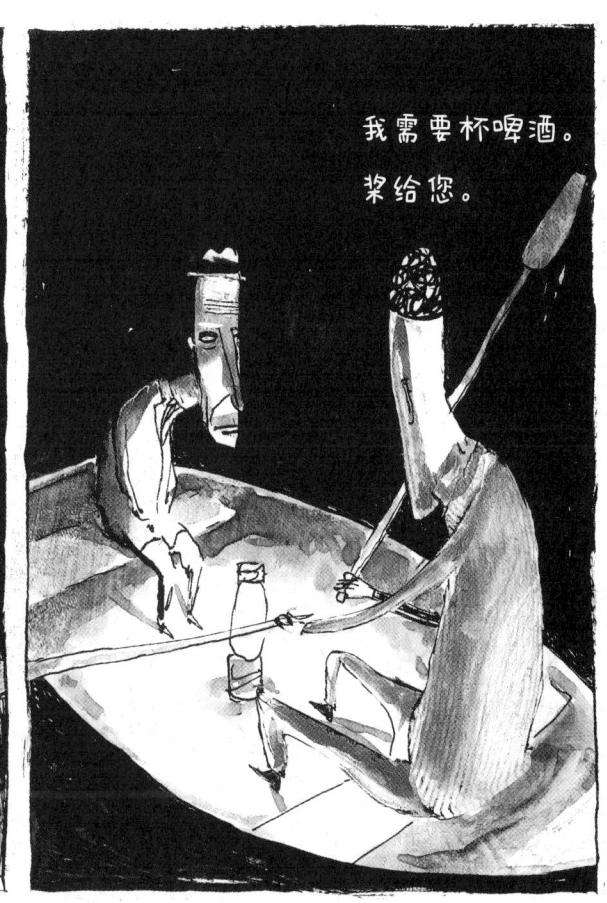

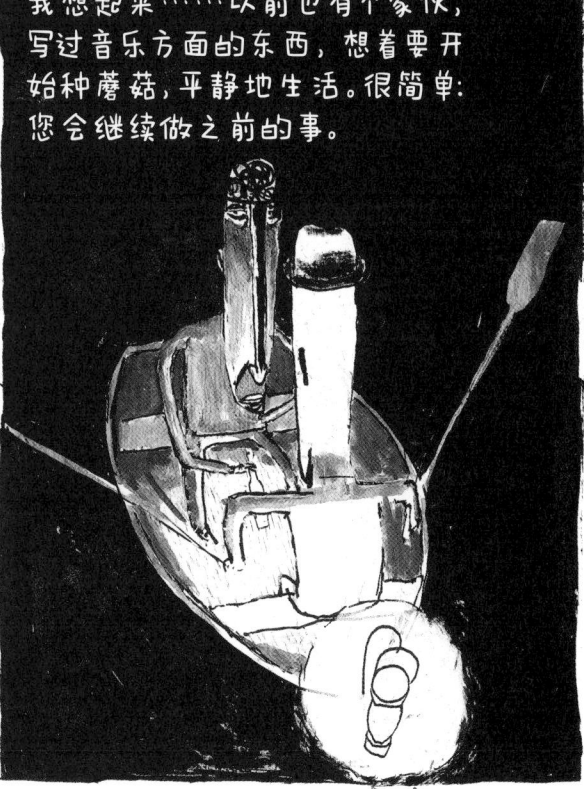

……平静地生活。在这里，地下，
时间在永恒面前被抹去。没那么
严重。您觉得我做这个多久了？

如果您真有兴趣……

您呢？
您以前都
思考什么？

—在这里面您都能找到。
—一本书？
—您可以留着！
—但我已经有一本书了！
—什么书能独自面对永恒呢？
—我还没看完。

但您还是会有最后一句话
留给我吧？

7

我在收集杰出人物离开
生命舞台前最后的话。

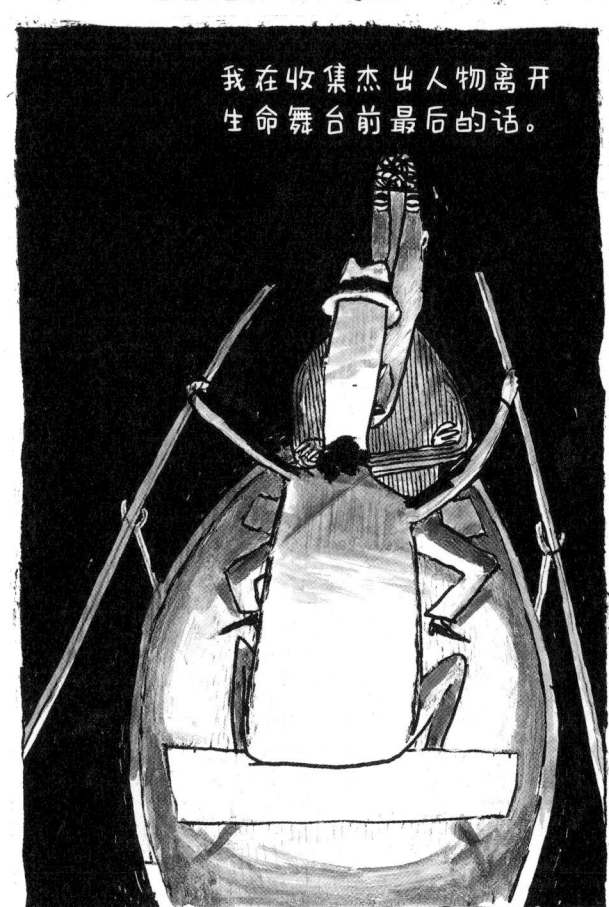

您肯定很有名，对吧？

你好，
德勒兹！

先同我们说说，德勒兹，
过河的时候怎么样？
对话有趣吗？

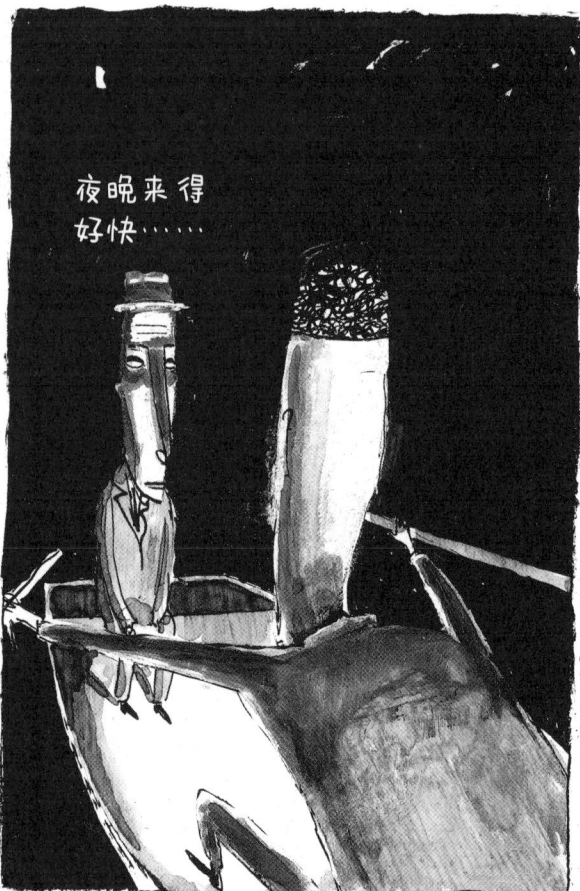

常快。

您知道，思想家和哲学家的身份让我走得很远。我写了一些书，人们纷纷向我请教，后来……

……我受够了。受够了书。我决心停下来，余生专注于种……根茎。根茎，您了解吗？

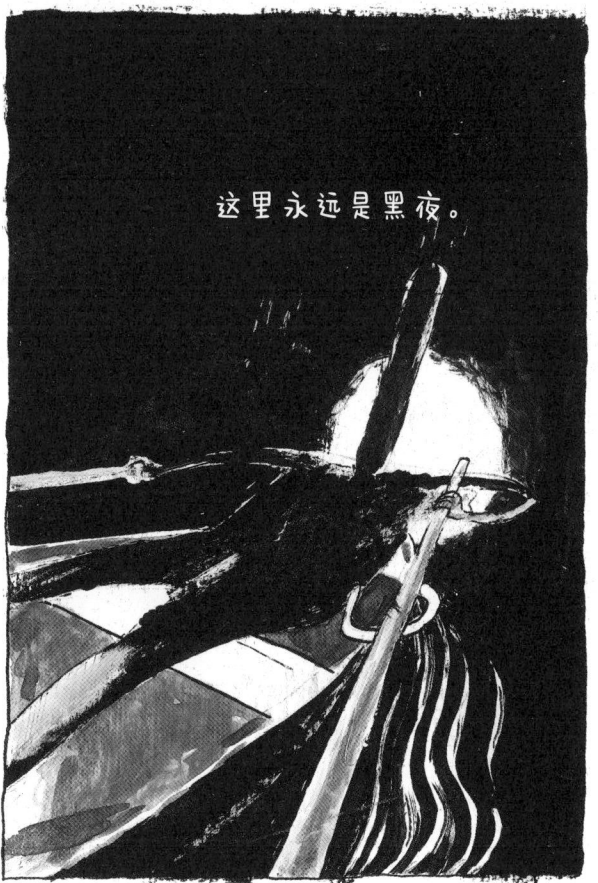

这里永远是黑夜。

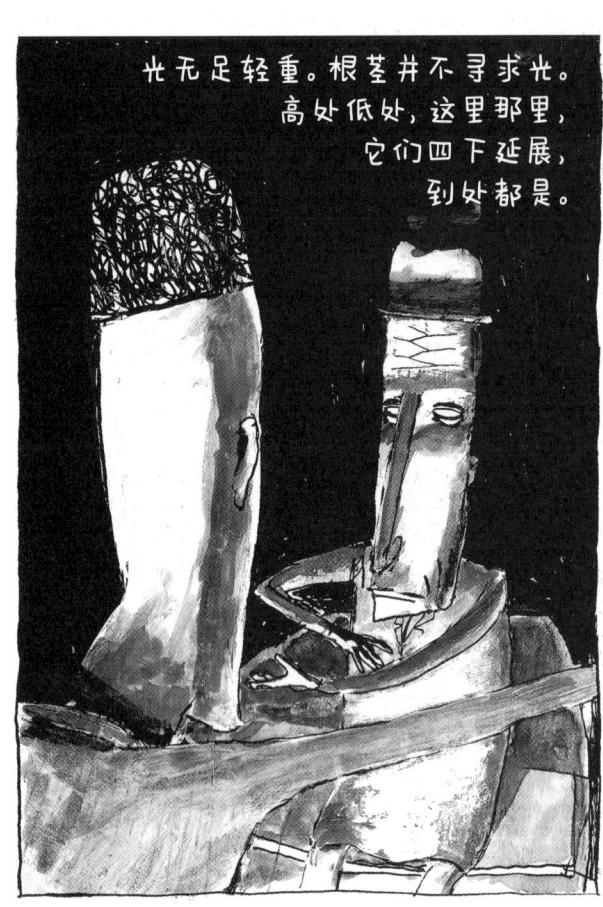

光无足轻重。根茎并不寻求光。高处低处，这里那里，它们四下延展，到处都是。

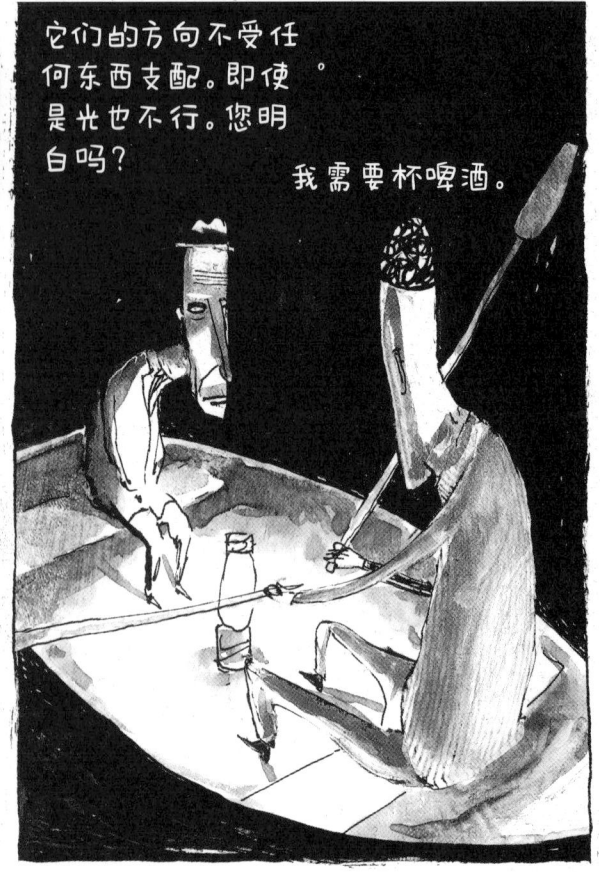

它们的方向不受任何东西支配。即使是光也不行。您明白吗？

我需要杯啤酒。

桨给您。

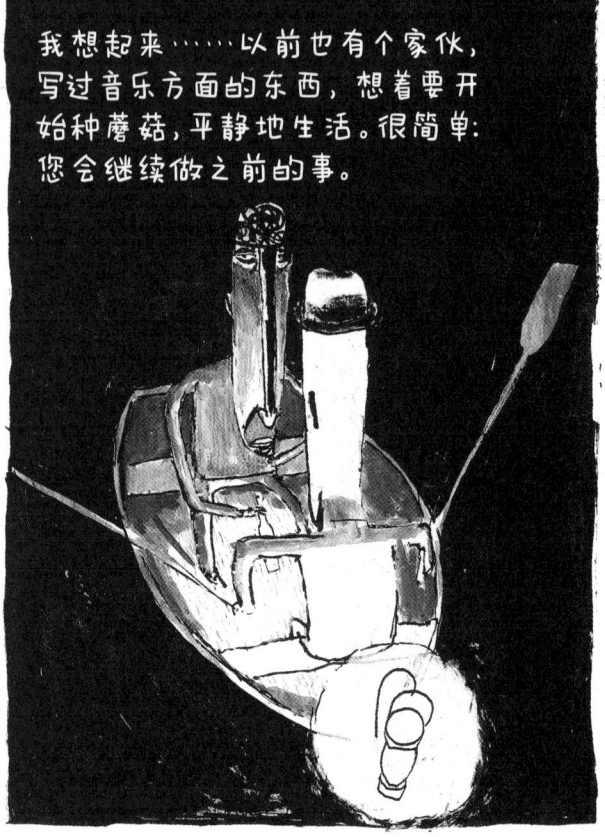

我想起来……以前也有个家伙，写过音乐方面的东西，想着要开始种蘑菇，平静地生活。很简单：您会继续做之前的事。

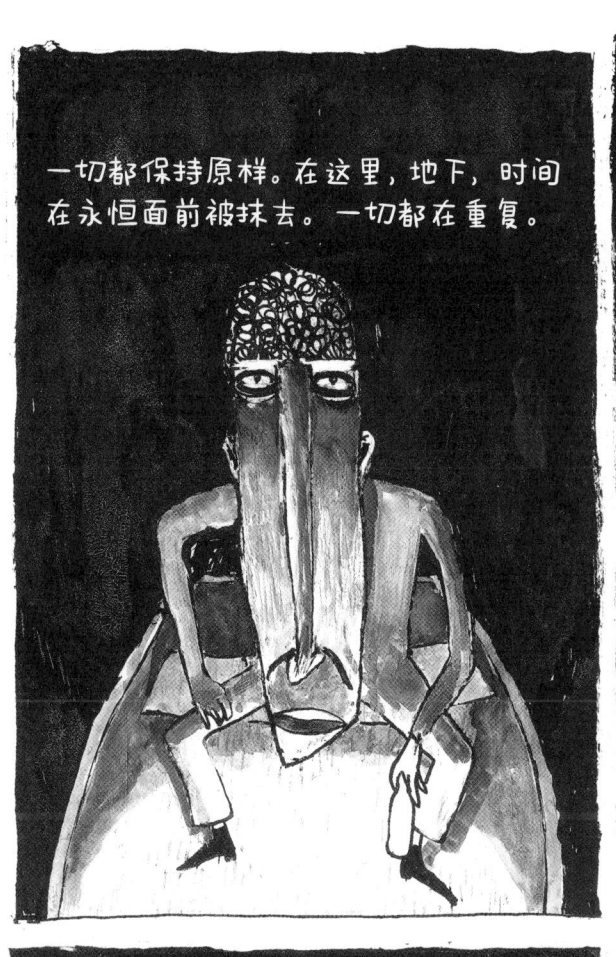

一切都保持原样。在这里，地下，时间
在永恒面前被抹去。一切都在重复。

但重复的东西并不一样。在每一次重复中，
都会有别的东西。永远不会是同样的。

—那您觉得我做这个多久了？
　我可是一直在做同样的事。
—不。您错了。

—我不明白……
—等等，我都写下来了。

—都在这里面了。
—一本书？
—关于永恒、重复，以及重复中的差异。
—我已经有一本书了。
—什么书能独自面对永恒呢？

—我一直在重读。
—您看看？

但您还是会有最后一句话
留给我吧？

我在收集杰出人物离开
生命舞台前最后的话。

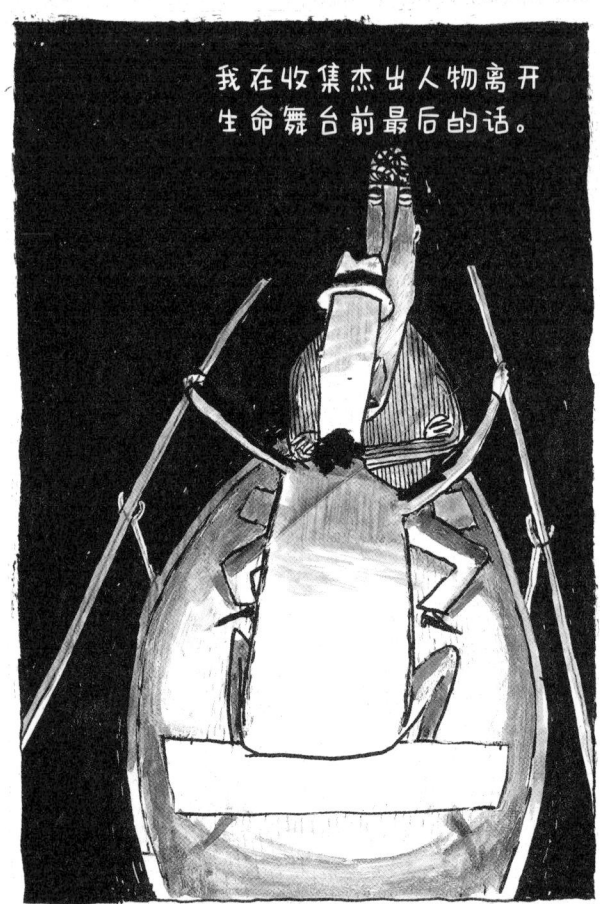

您肯定很有名，对吧？

你好，
德勒兹！

先同我们说说，德勒兹，
过河的时候怎么样？
对话有趣吗？

这里真美。

比我
想象的
还美。

叮
咚

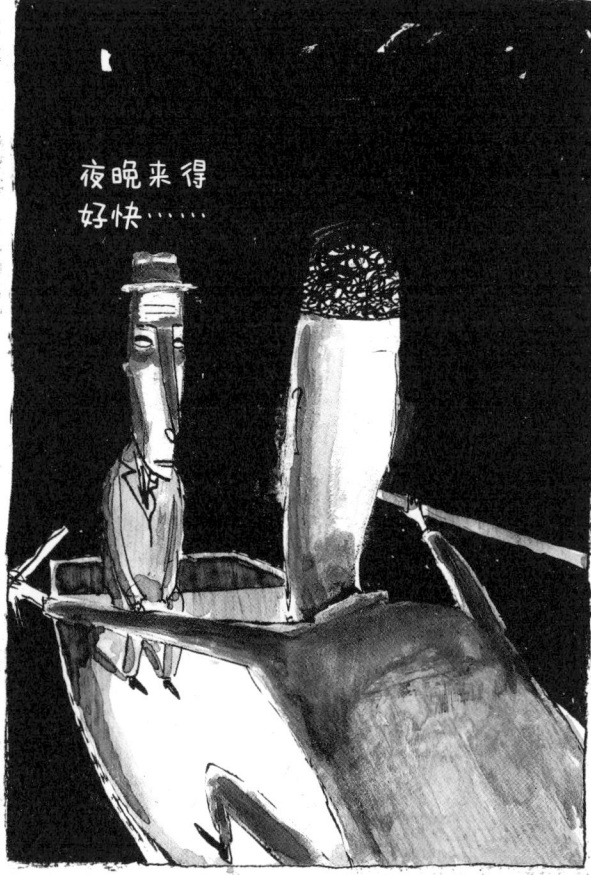

非常快。

您知道，思想家和哲学家的身份让我走得很远。我写了一些书，人们纷纷向我请教，后来……

……我受够了。受够了书。我决心停下来，余生做些长久的事。总之，用我的双手做点什么。

我们无法停止思考。当我们以为思考已经结束的时候，事实上我们才刚刚开始。
您会明白的……

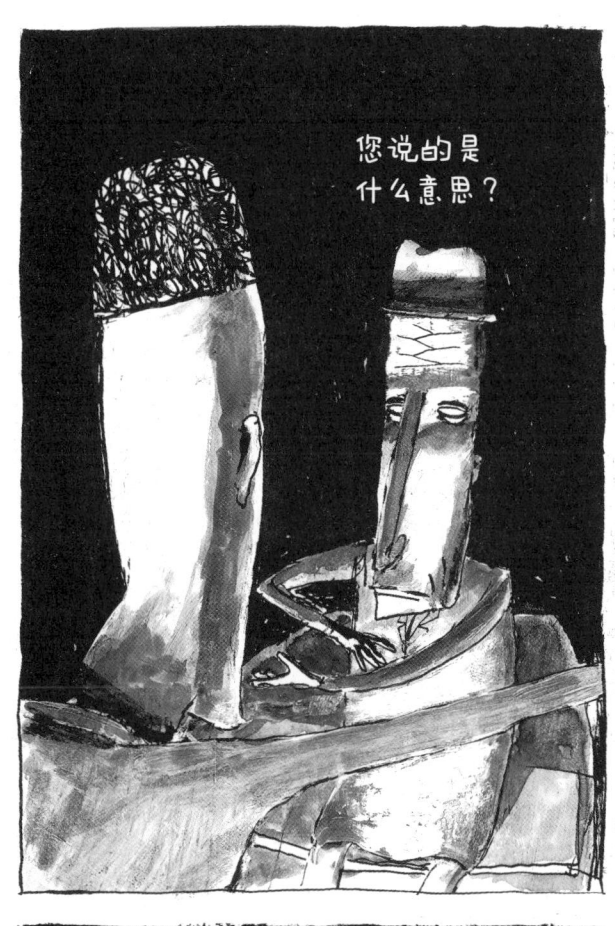

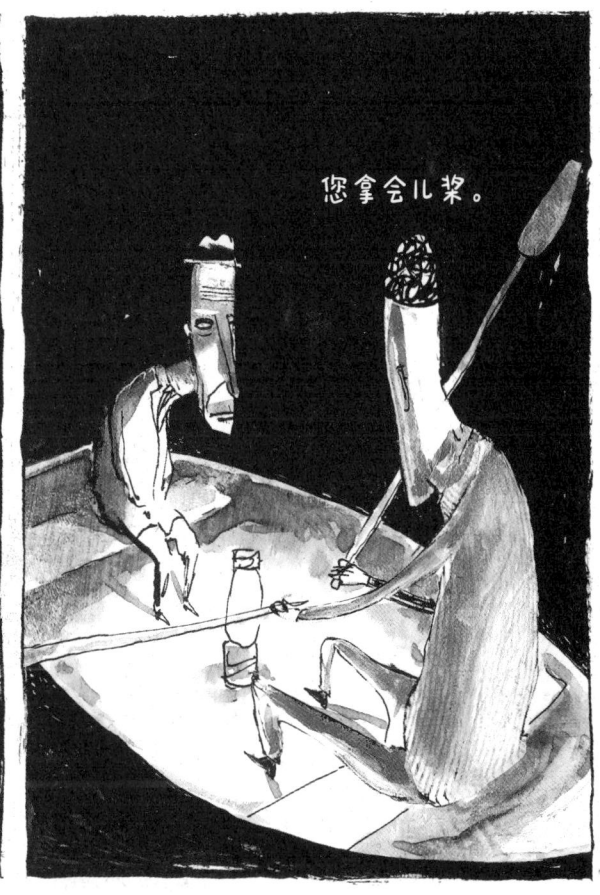

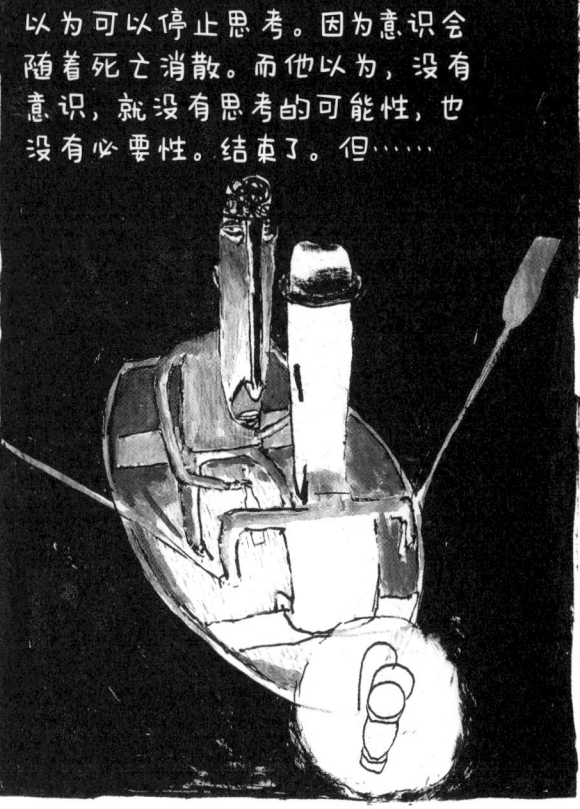

曾经有位哲学家，一个德国人，他以为可以停止思考。因为意识会随着死亡消散。而他以为，没有意识，就没有思考的可能性，也没有必要性。结束了。但……

……我认为这正是当下哲学的使命：思考思想本身，不依靠意识，不绝望，也不依靠"身体"。如果有可以履行这一使命的地方，我会引您过去。

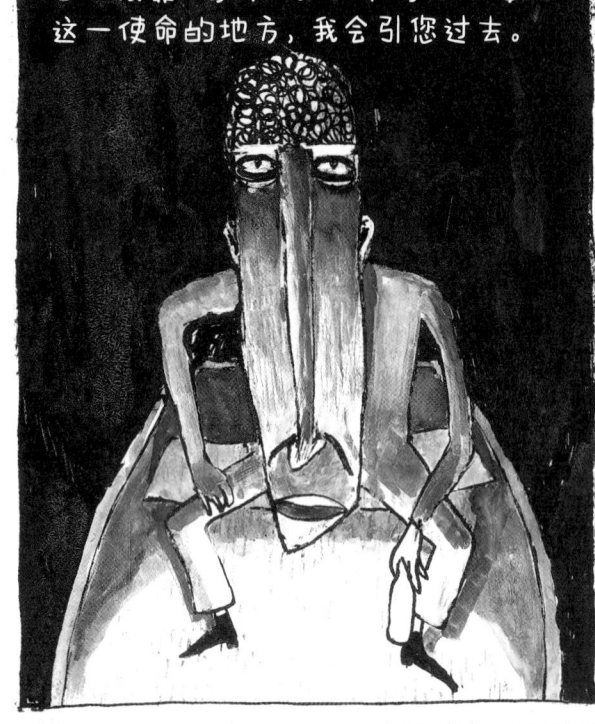

奇怪。

为什么？

您所说的听起来和我自己写的一模一样。

—真的！拿着，您在这里面就能读到。
—一本关于死亡的书？
—关于思想和意识，以及怎样在无意识
　状态下思考思想。
—非常感谢，我早就知道这本书了。

不可能。

为什么？

—我以为您只有一本关于俄耳甫斯的书。
—我什么时候说的？
—我也不知道。

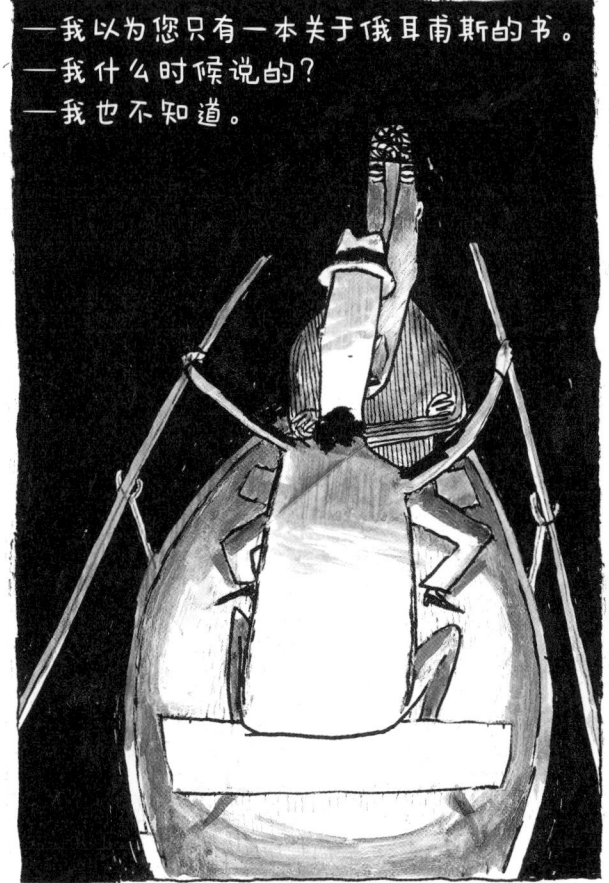

你好，德勒兹！

"归来的人是否都是死后埋得
太快太深了，没有人告别？

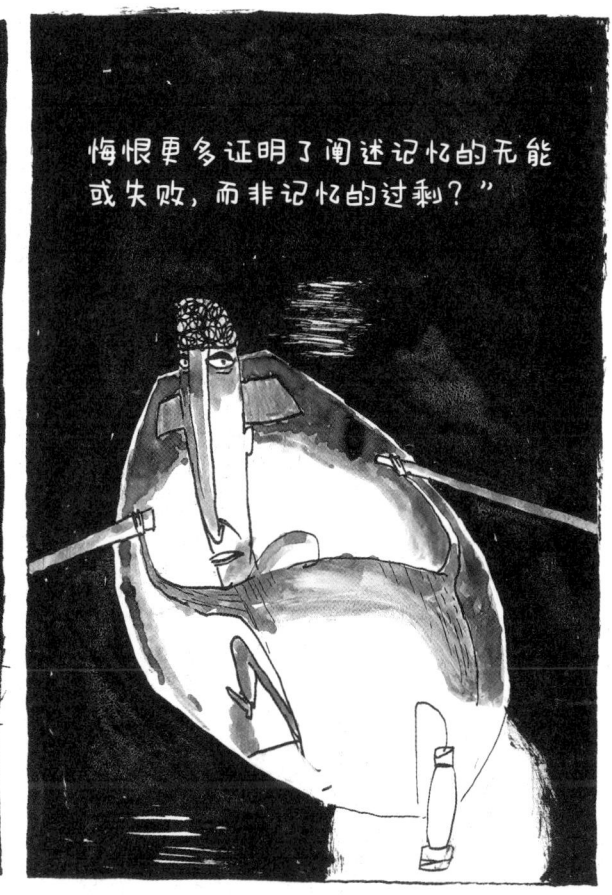

悔恨更多证明了阐述记忆的无能
或失败，而非记忆的过剩？"

30

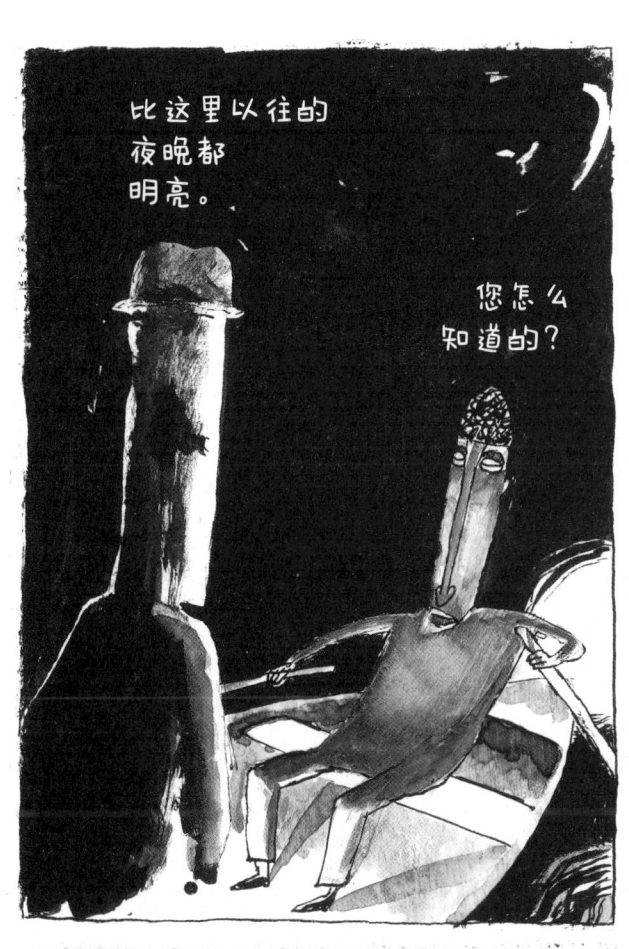

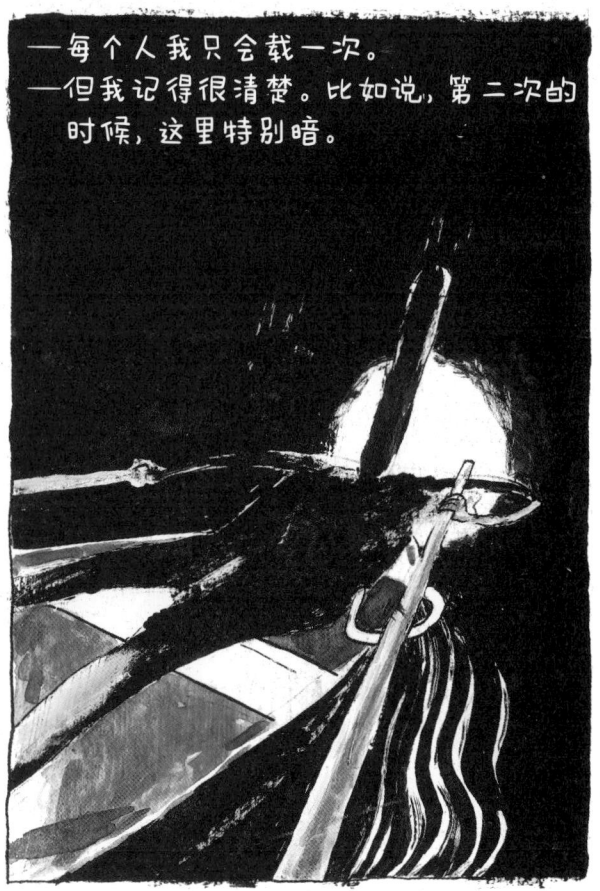

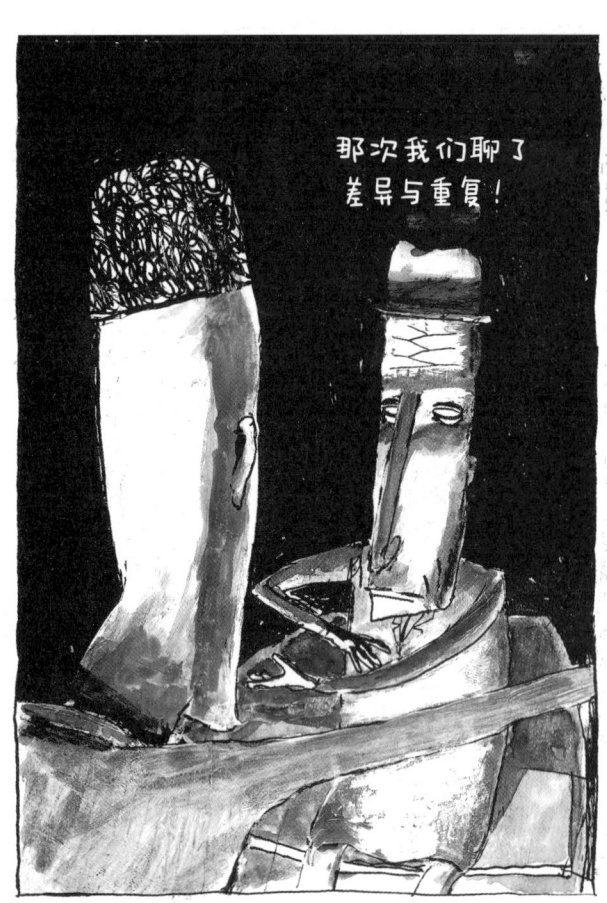

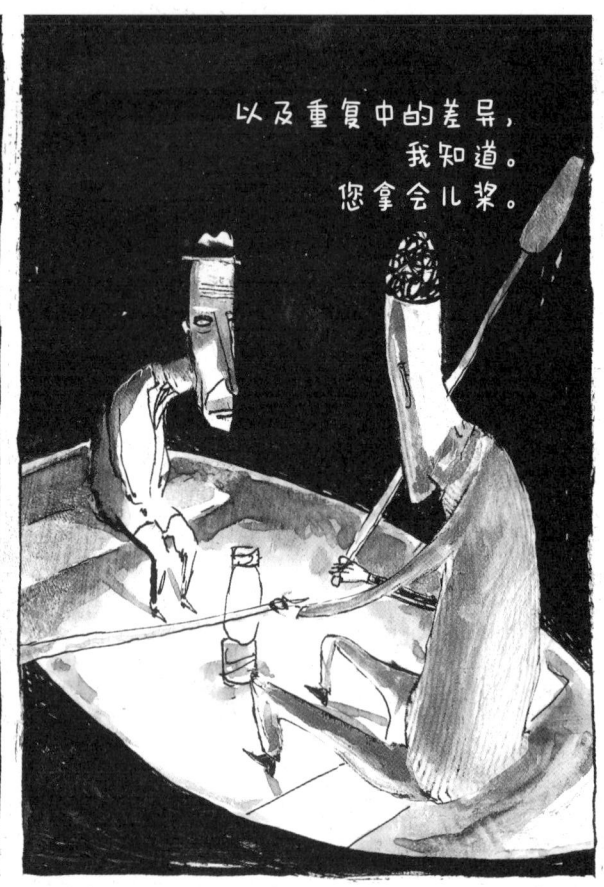

32

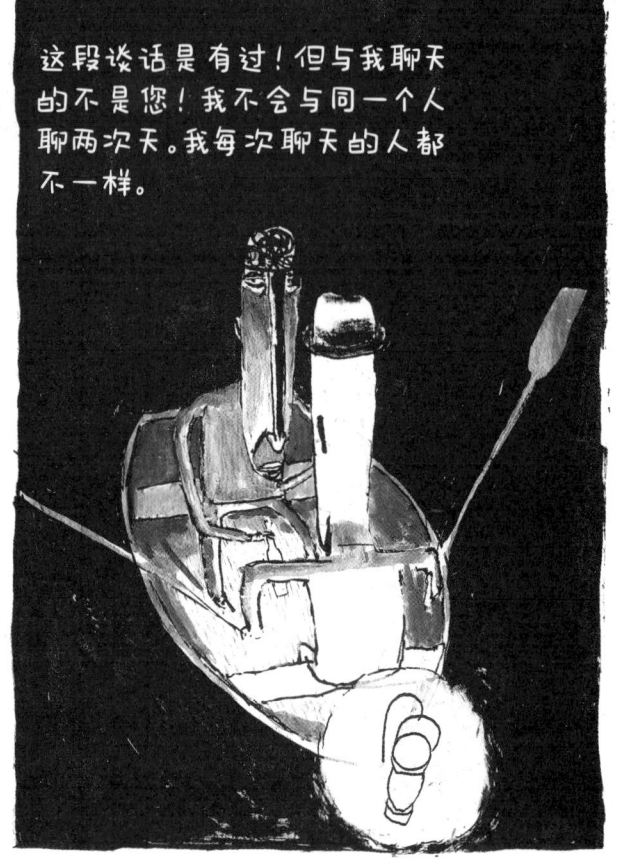

如果我与您聊过天，您那时也是另一个人。我清楚地知道您马上要做什么，从您的口袋里翻出一本书给我。

我已经读过您的书了，亲爱的德勒兹，我知道您就差异与重复写了什么。

——看来您确实读过一些东西，亲爱的船工……但您读得不好。
——怎么"不好"？

有一个我您在所有其他人中没有看到。差异中的重复。您载我过了三次河，每一次您都同我说过话。但我一直是另一个人。

我不明白。

您再读一读，下次从这里开始，从第81页。即使我是另外那三个人，我也可以是同样一个人。

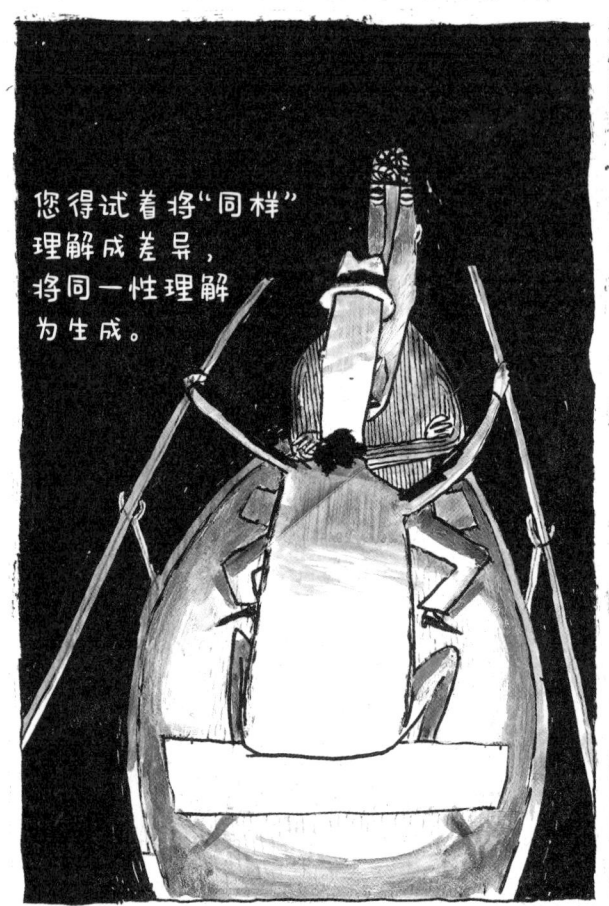

您得试着将"同样"理解成差异，将同一性理解为生成。

你好，德勒兹！

啊！我们又到了！

亲爱的德勒兹！你来了真好。
福柯准备给我们念一首小诗，
关于"我"：

"如同海边一张
沙子做的脸……"

喂，您还没付我
过河的钱呢！

加在之前的账上。
我下次一起付。
您肯定会记得。

"如果永恒回归是至高的思想，
也就是说，是最为强烈的，那是因
为它极度的一致性在至高点上排
除了一个思想主体的一致性……

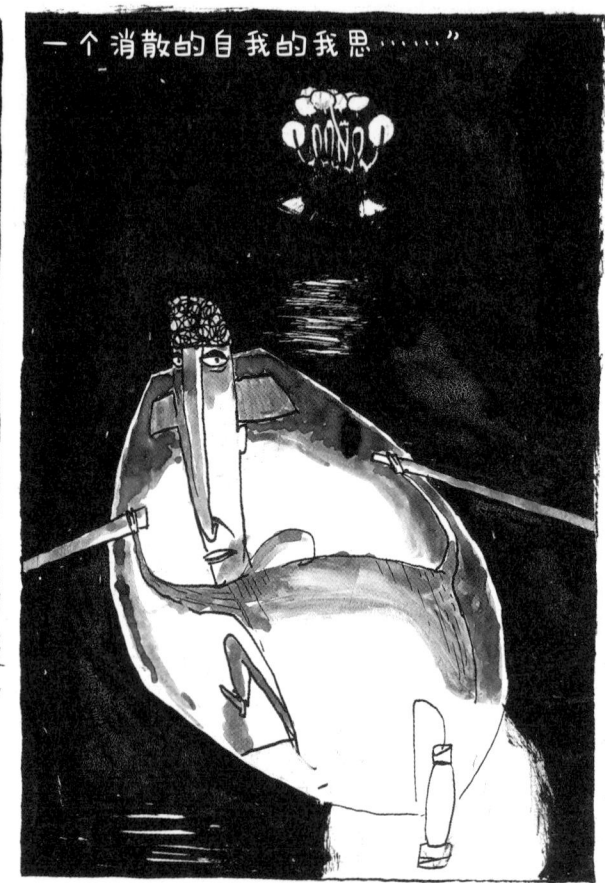

一个消散的自我的我思……"

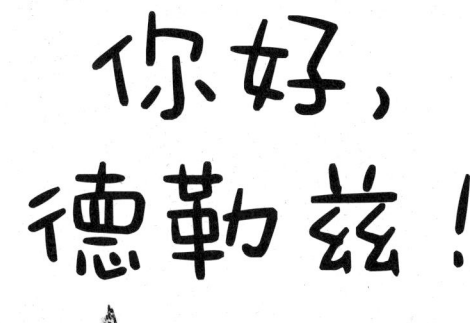

你好,
德勒兹!

这里真美。

尽管

永远不会
真的
一样。

叮
咚

您忘了东西。

我认为
您忘记了死亡……

关于生命，您写得太多了。一切都在不停地产生，重复，周而复始。但是当您死了，一切都不会再开始。

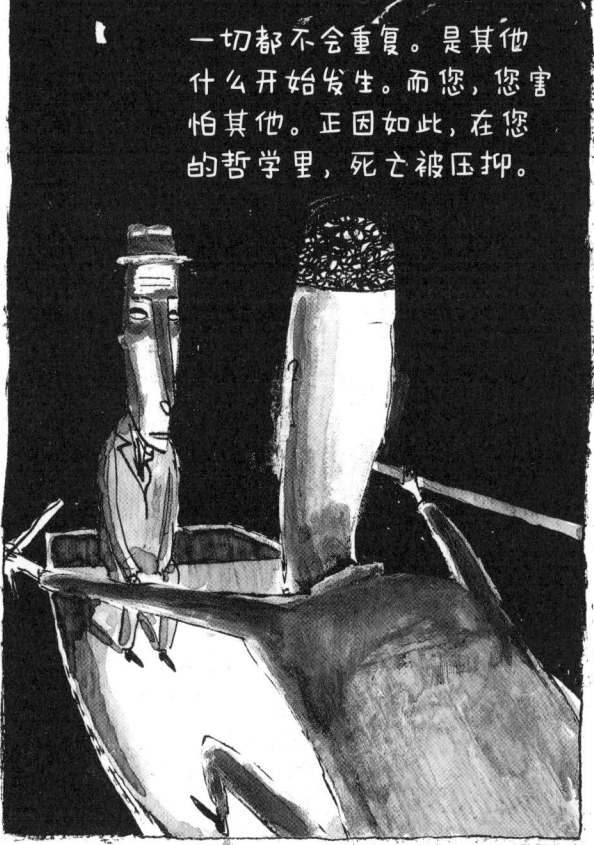

一切都不会重复。是其他什么开始发生。而您，您害怕其他。正因如此，在您的哲学里，死亡被压抑。

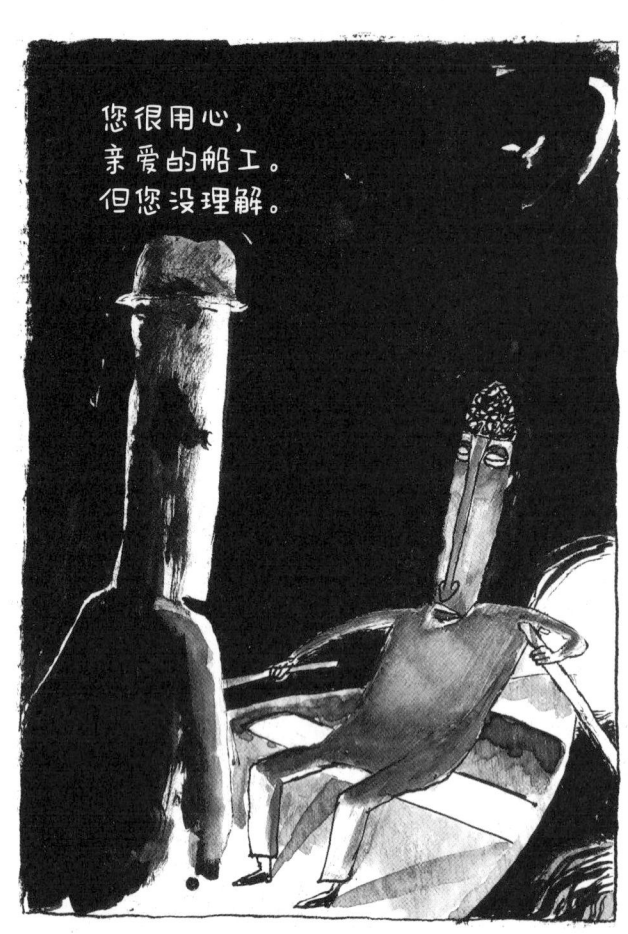

您很用心，
亲爱的船工。
但您没理解。

因为您自视甚高。

当然，您每天都与死亡打交道。
这就是为什么，您从生命的终点、
从高处来考量生命，某种
程度上，也就是"在永恒
的相下"。但其他人并
不是这样做的。也许，
除了海德格尔。

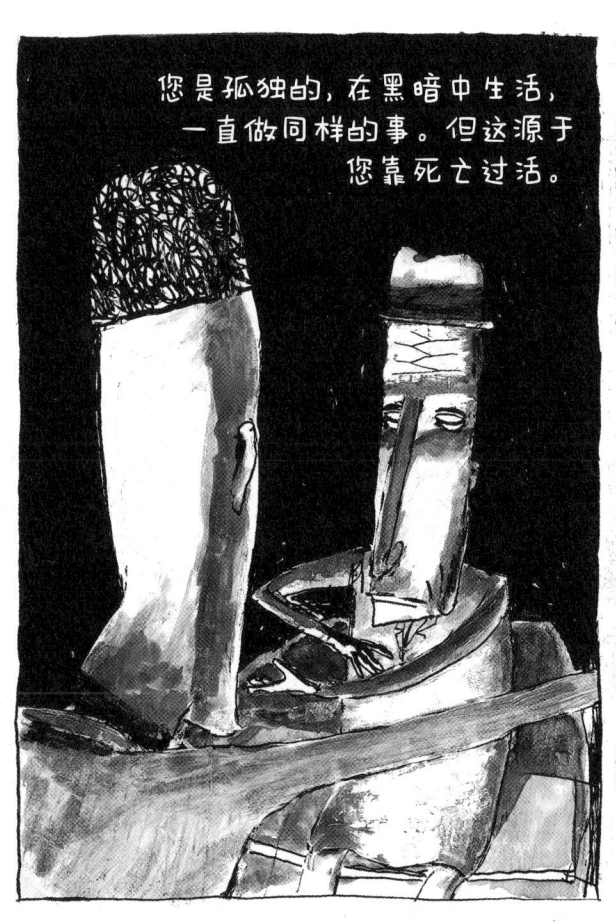

您是孤独的，在黑暗中生活，一直做同样的事。但这源于您靠死亡过活。

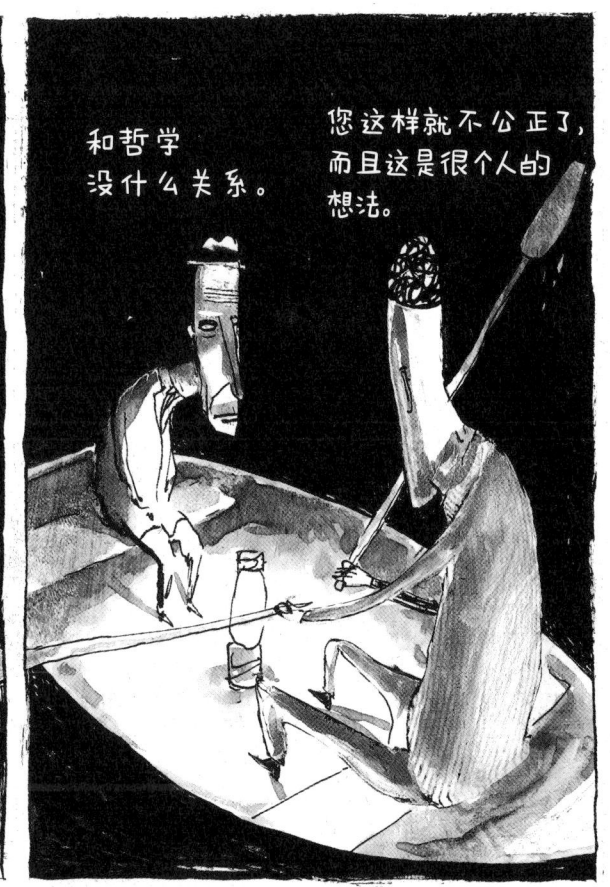

和哲学没什么关系。

您这样就不公正了，而且这是很个人的想法。

但总的来说，您看：这是您第五次载我过勒忒河，您还是坚持和我说不会再有下一次！

每一次即是又一次开始。我们聊过。
我们没有互相理解。这其中除了"开
始"，还有别的东西吗？

那您怎么知道这一切会就这样继续
呢？就因为重复之中存在着永恒，您
便认为您自己也是其中一部分吗？

如果我们当中
有人自视甚高，
哲学家先生
……？！

不，这一次，
请留着您的书。

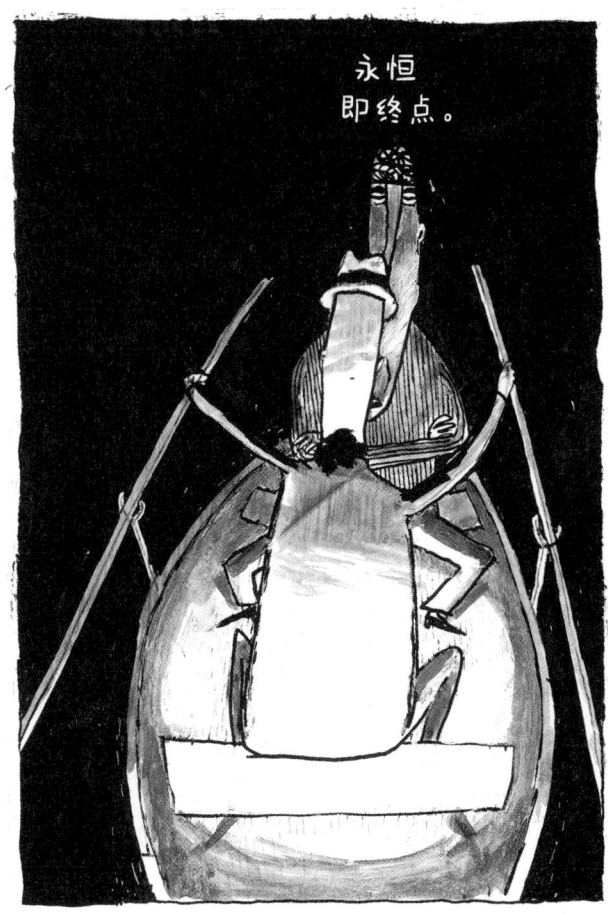

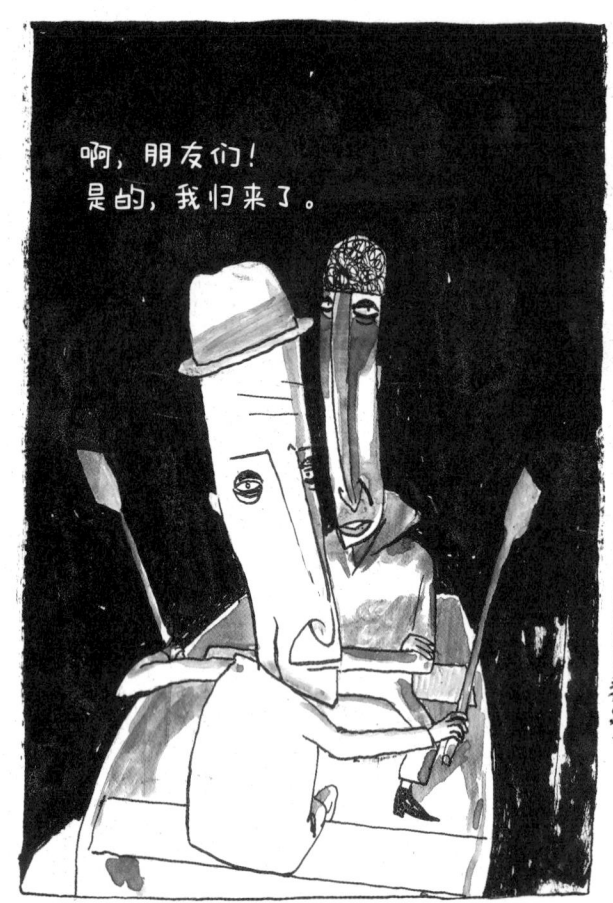

啊，朋友们！
是的，我归来了。

我们正聊起往日的时光，
亲爱的德勒兹。

巴特给我们展示了
他妈妈的照片。

德勒兹先生！

即使我们为此感到高兴：
死亡与差异并不同行……

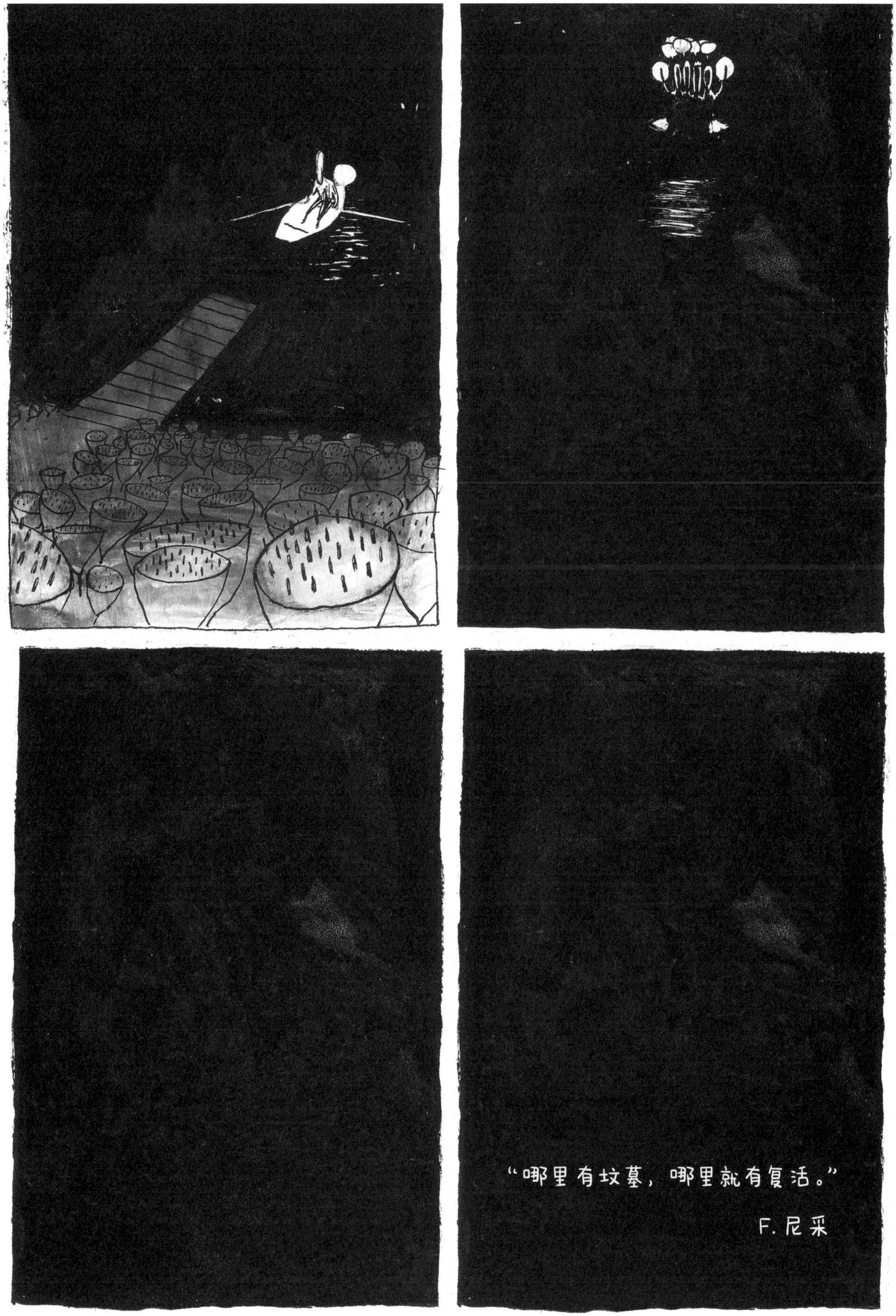

"哪里有坟墓，哪里就有复活。"

F.尼采

图书在版编目（CIP）数据

你好，德勒兹！/
（德）马丁·汤姆·迪克绘；（德）延斯·巴尔策编剧；陈美洁译 .--
上海：上海文艺出版社，2022
ISBN 978-7-5321-8308-1
I. ①你… II. ①马…②延…③陈… III. ①德鲁兹（Deleuze, Gilles 1925—1995）
—哲学思想—通俗读物 IV. ① B565.59-49
中国版本图书馆 CIP 数据核字（2022）第 028237 号

发 行 人：毕　胜
责任编辑：肖海鸥　李若兰
特约编辑：任绪军
书籍设计：雨　萌
内文制作：角瓜文化

书　　名：你好，德勒兹！
绘　　画：[德]马丁·汤姆·迪克
编　　剧：[德]延斯·巴尔策
翻　　译：陈美洁
出　　版：上海世纪出版集团　上海文艺出版社
地　　址：上海市闵行区号景路 159 弄 A 座 2 楼　201101
发　　行：上海文艺出版社发行中心发行
　　　　　上海市闵行区号景路 159 弄 A 座 2 楼 206 室　201101　www.ewen.co
印　　刷：上海盛通时代印刷有限公司
开　　本：889×1194　1/16
印　　张：3.25
图　、文：52 面
印　　次：2022 年 3 月第 1 版　2022 年 3 月第 1 次印刷
I S B N：978-7-5321-8308-1/B.080
定　　价：42.00 元
告 读 者：如发现本书有质量问题请与印刷厂质量科联系　T：021-37910000